AF472863

Les Voleurs et l'Ane   La Mort et le Bucheron

ALPHABET

DU

BON LA FONTAINE,

OU

Elémens de Lecture

ENSEIGNÉS EN QUINZE LEÇONS;

CONTENANT TOUT CE QUE L'ON EST DANS L'USAGE D'OFFRIR POUR LEÇONS AUX ENFANS;

Suivi d'un choix de Fables de La Fontaine, dont le but moral est facile à saisir, et terminé par des Lectures instructives et amusantes.

ORNÉ DE 48 JOLIES GRAVURES EN TAILLE-DOUCE.

PARIS,

J. BRIANCHON, LIBRAIRE,

RUE DE LA HARPE, N° 30.

1826.

PREMIÈRE LEÇON.

A	B
C	D
E	F

a	b
c	d
e	f

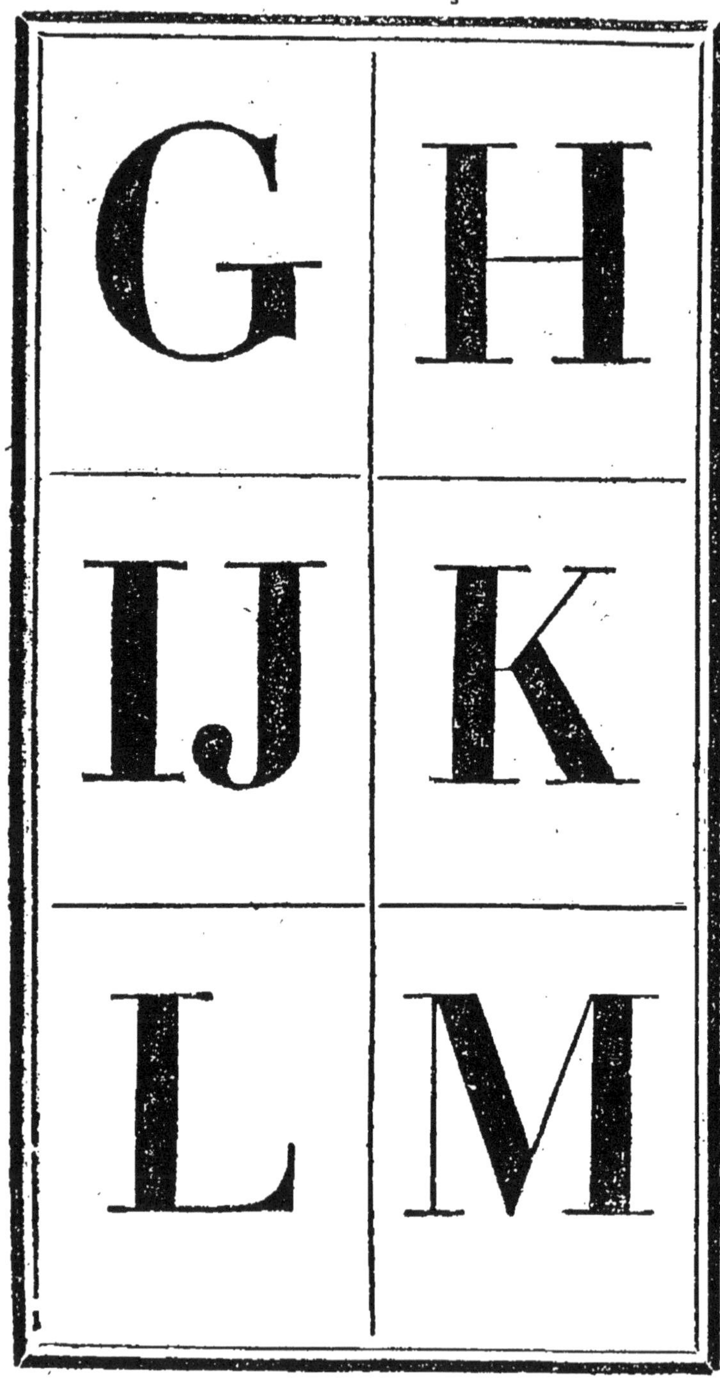
G
H
IJ
K
L
M

g	h
ij	k
l	m

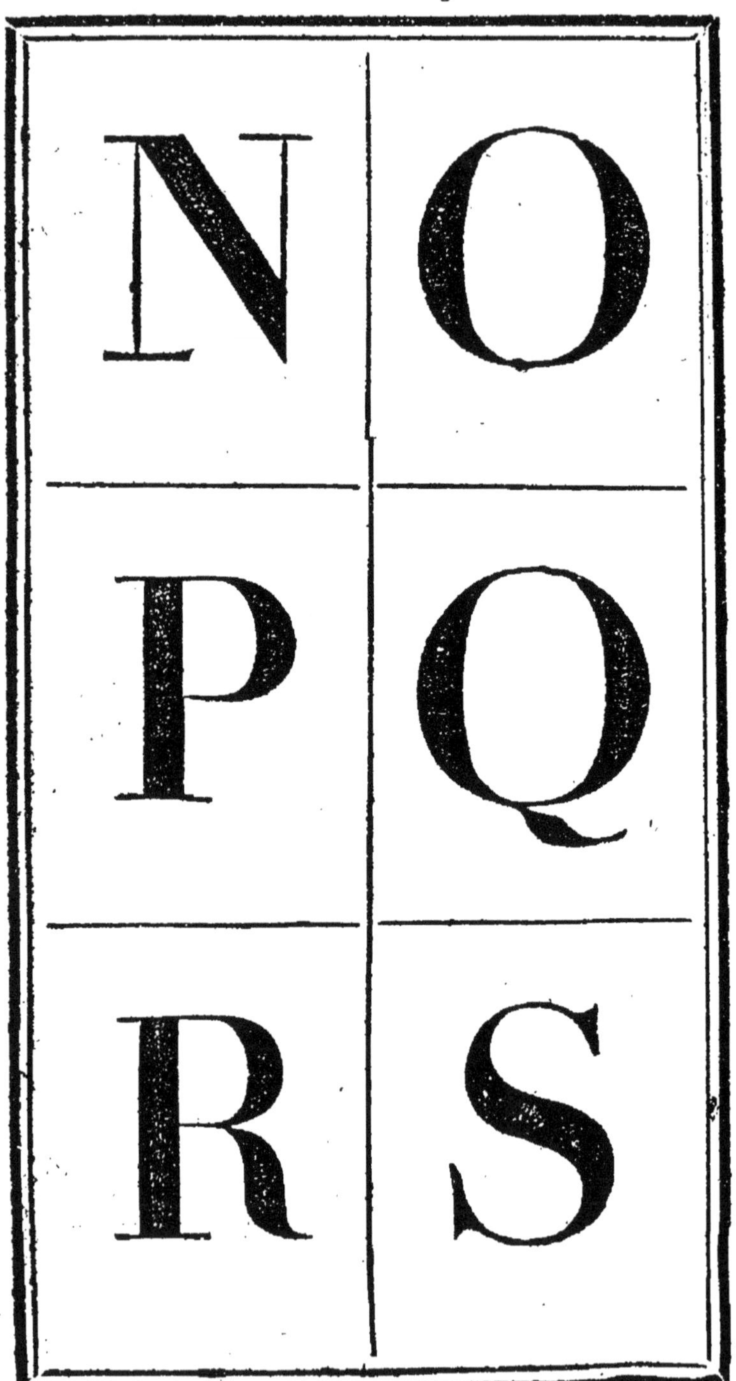
N
O
P
Q
R
S

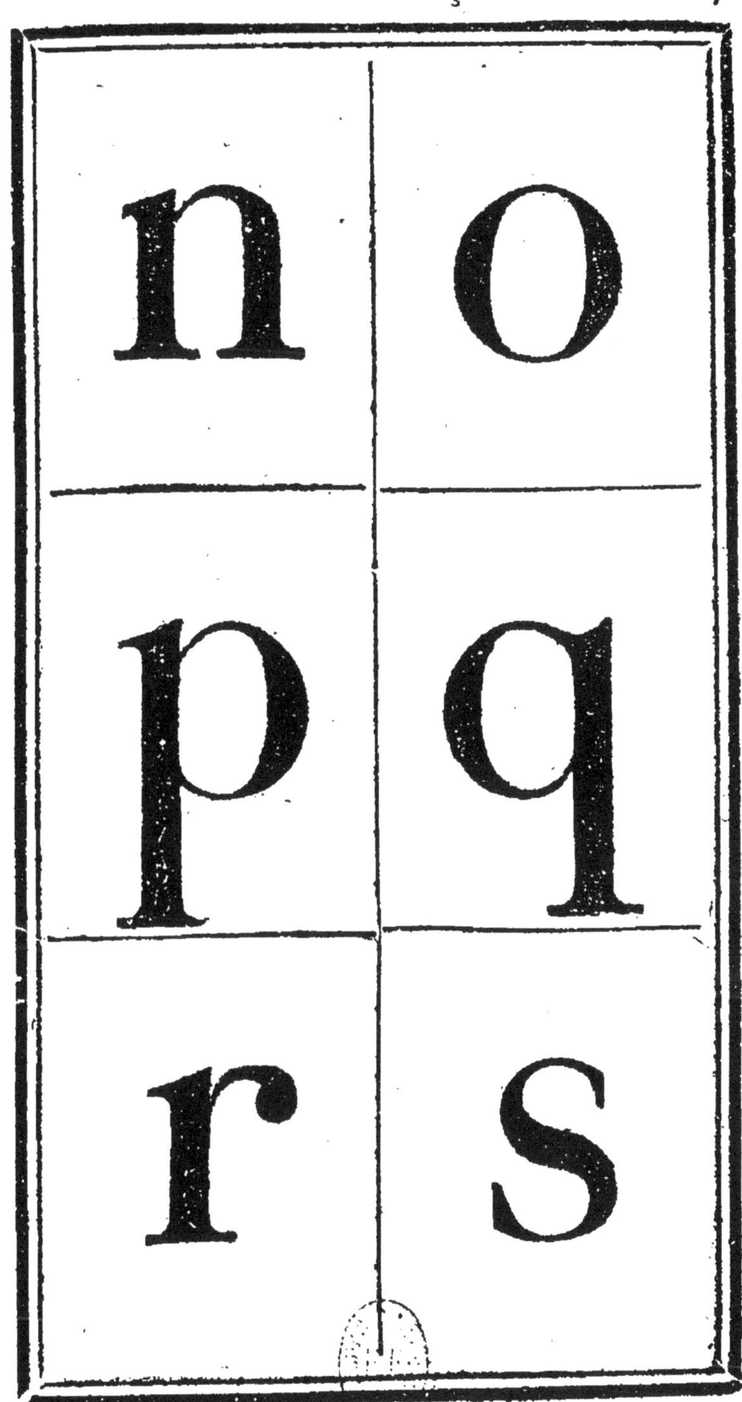
n
o
p
q
r
s

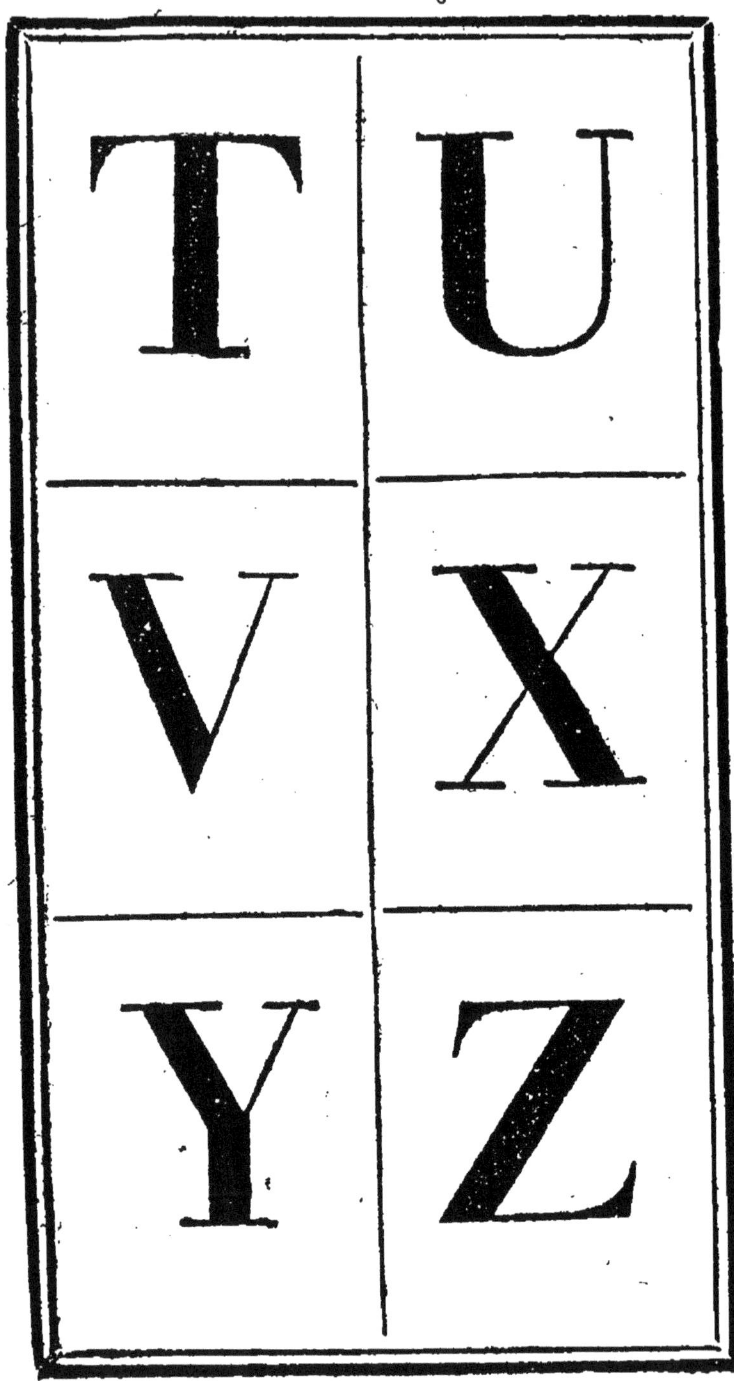
T
U
V
X
Y
Z

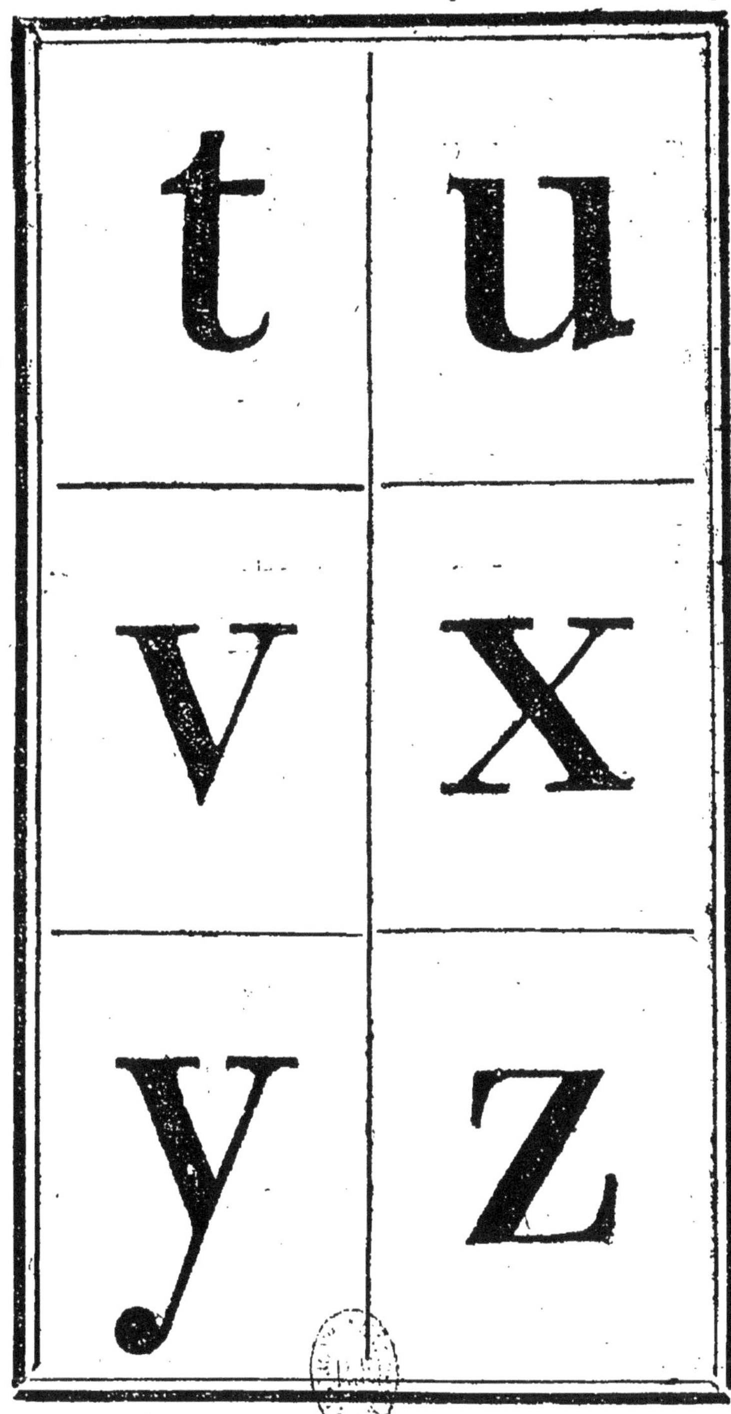
t
u
v
x
y
z

DEUXIÈME LEÇON.

A B C D

E F G H

I J K L

M N O P

Q R S T

U V X Y Z.

a b c d

e f g h

i j k l

m n o p

q r s t

u v x y z.

A B C D

E F G H

I J K L

M N O P

Q R S T

U V X Y Z.

---

a b c d e

f g h i j

k l m n o

p q r s t

u v x y z.

TROISIÈME LEÇON.

Voyelles.

a e i ou y o u

Syllabes.

ba be bi bo bu

ca ce ci co cu

da de di do du

fa fe fi fo fu

ga ge gi go gu

ha he hi ho hu

ja je ji jo ju

ka ke ki ko ku

la le li lo lu

ma me mi mo mu

na ne ni no nu

pa pe pi po pu

qua que qui quo qu

ra re ri ro ru

sa se si so su

ta te ti to tu

va ve vi vo vu

xa xe xi xo xu

za ze zi zo zu

QUATRIÈME LEÇON.

ab	eb	ib	ob	ub
ac	ec	ic	oc	uc
ad	ed	id	od	ud
af	ef	if	of	uf
ag	eg	ig	og	ug
ah	eh	ih	oh	uh
ak	ek	ik	ok	uk
al	el	il	ol	ul
am	em	im	om	um
an	en	in	on	un
ap	ep	ip	op	up
aq	eq	iq	oq	uq
ar	er	ir	or	ur
as	es	is	os	us

at	et	it	ot	ut
av	ev	iv	ov	uv
ax	ex	ix	ox	ux
az	ez	iz	oz	uz

CINQUIÈME LEÇON.

bla	ble	bli	blo	blu
bra	bre	bri	bro	bru
cha	che	chi	cho	chu
cla	cle	cli	clo	clu
cra	cre	cri	cro	cru
dra	dre	dri	dro	dru
gla	gle	gli	glo	glu
gna	gne	gni	gno	gnu
gra	gre	gri	gro	gru
pha	phe	phi	pho	phu

pla ple pli plo plu

pra pre pri pro pru

tla tle tli tlo tlu

tra tre tri tro tru

SIXIÈME LEÇON.

PONCTUATION.

Apostrophe (') l'orage

Trait d'union (-) porte-feuille

Guillemet («)

Parenthèses ( )

Virgule (,)

Point et virgule (;)

Deux points (:)

Point (.)

Point d'interrogation (?)

Point d'exclamation (!)

Les lettres doubles.

æ œ ﬁ ﬃ

ſi ſſi ﬂ ﬄ

ﬀ ſb ſl ſſ

ﬅ ct & w.

Lettres accentuées.

é (aigu)

à è ù (graves)

â ê î ô û (circonflexes)

ë ï ü (tréma)

ç (cédille)

Exemple :

Pâ-té Mè-re

Le-çon Mê-me

Maî-tre A-pô-tre
Hé-ro-ï-ne.

SEPTIÈME LEÇON.

Mots qui n'ont qu'un son, ou qu'une syllabe.

Pain	**Vin**
Chat	**Rat**
Four	**Blé**
Mort	**Corps**
Trop	**Moins**
Art	**Eau**
Marc	**Veau**
Champ	**Pré**

Vent Dent
Vert Rond.

HUITIÈME LEÇON.

Mots à deux sons, ou *deux syllabes, à épeler.*

Pa-pa Cou-teau
Ma-man Cor-don
Bal-lon Cor-beau
Bal-le Cha-meau
Bou-le Tau-reau
Chai-se Oi-seau
Poi-re Ton-neau
Pomme Mou-ton

Cou-sin **Ver-tu**
Gâ-teau **Vi-ce**

NEUVIÈME LEÇON.

Mots à trois sons, ou trois syllabes, à épeler.

Or-phe-lin
Scor-pi-on
Ou-vra-ge
Com-pli-ment
Nou-veau-té
Cou-tu-me
Mou-ve-ment
His-toi-re

Li-ber-té

Li-ma-çon

A-pô-tre

Vo-lail-le

Ci-trouil-le

Mé-moi-re

Car-na-ge

Ins-tru-ment

Su-a-ve

Fram-boi-se

Gui-mau-ve

U-sa-ge

DIXIÈME LEÇON.

Mots à quatre sons, ou quatre syllabes, à épeler.

É-ga-le-ment
Phi-lo-so-phe
Pa-ti-en-ce
O-pi-ni-on
Con-clu-si-on
Zo-di-a-que
É-pi-lep-sie
Co-quil-la-ge
Di-a-lo-gue
Eu-cha-ris-tie

Mots à cinq sons, ou cinq syllabes, à épeler.

Na-tu-rel-le-ment
Cor-di-a-li-té
Ir-ré-sis-ti-ble

Cou-ra-geu-se-ment
In-con-vé-ni-ent
A-ca-ri-â-tre
In-do-ci-li-té
In-can-des-cen-ce
Ad-mi-ra-ble-ment
Cu-ri-o-si-té
In-ex-o-ra-ble

Mots à six sons, ou *six syllabes, à épeler.*

In-con-si-dé-ré-ment
Per-fec-ti-bi-li-té
O-ri-gi-na-li-té
Ma-li-ci-eu-se-ment
As-so-ci-a-ti-on
Va-lé-tu-di-nai-re

ONZIÈME LEÇON.

Petites phrases divisées par syllabes.

J'ai-me mon pa-pa.

Je ché-ris ma-man.

Mon frè-re est o-bé-is-sant.

Ma sœur est bien ai-ma-ble.

Mon cou-sin m'a don-né un pe-tit mou-lin à vent.

Mon grand pa-pa doit m'ap-por-ter un jo-li fu-sil.

Ma bon-ne ma-man me don-ne-ra pour é-tren-nes un che-val de car-ton.

3

DOUZIEME LEÇON.

Phrases présentant un sens moral.

Un en-fant doit ai-mer ses pa-rens.

La pa-res-se est un grand dé-faut.

Le mé-chant n'est ja-mais heu-reux.

La re-con-nais-san-ce est la pre-miè-re des ver-tus.

Le men-son-ge est le plus o-di-eux des vi-ces.

J'ai-me la ré-cré-a-ti-on a-près le tra-vail.

Dieu lit au fond de nos cœurs.

Les qua-li-tés les plus ai-ma-bles de l'en-fan-ce, sont la dou-ceur et la do-ci-li-té.

Il faut res-pec-ter la vieil-les-se, et sou-la-ger le mal-heur.

Les jeux les plus sa-lu-tai-res sont ceux qui ex-er-cent le corps.

On n'ou-blie ja-mais ce qu'on a bien ap-pris dans la jeu-nes-se.

Les a-ni-maux car-nas-siers ha-bi-tent les fo-rêts.

Le chien se plaît dans la so-ci-é-té des hom-mes.

Il faut ap-pren-dre à sup-por-ter le chaud, le froid, la faim, la soif, et la fa-ti-gue.

L'é-tu-de, qui com-men-ce par ê-tre u-ne gê-ne, fi-nit par de-ve-nir un plai-sir et mê-me un be-soin.

TREIZIÈME LEÇON.

Suite des phrases présentant un sens moral.

Il n'y a qu'un seul Dieu qui gouverne le ciel et la terre.

Ce Dieu récompense les bons, et punit les méchans.

Un enfant babillard et rapporteur est toujours rebuté par tous ses camarades.

Un enfant doit être poli.

Un enfant boudeur est haï de tout le monde.

Un enfant qui est honnête et qui a bon cœur, est chéri de tous ceux qui le connaissent.

L'enfant sage est la joie de son père.

Il n'est permis de rester à rien faire que lorsqu'on n'a plus rien à apprendre.

Le meilleur moyen de s'instruire est de n'avoir jamais honte de demander ce qu'on ne sait pas, et d'interroger les autres sur ce qu'ils savent le mieux.

De toutes les classes de

la société, celle des laboureurs est la plus utile, et conséquemment la plus respectable.

On a mauvaise opinion d'un enfant qui s'amuse à faire souffrir les animaux.

QUATORZIÈME LEÇON.

Notions générales.

L'homme a cinq sens, ou cinq manières d'apercevoir ou de sentir ce qui l'environne.

Il voit avec les yeux.

Il entend par les oreilles.

Il goûte avec la langue.

Il flaire ou respire les odeurs avec le nez.

Il touche avec tout le corps, et principalement avec les mains.

Les quatre élémens qui composent notre globe, sont : l'air, la terre, l'eau et le feu.

Sans air, l'homme ne peut respirer.

Sans la terre, qui produit lorsqu'on la cultive, l'homme ne peut manger.

Sans eau, l'homme ne peut boire.

Sans feu, l'homme ne peut se chauffer.

L'année se compose de douze mois, qui sont : janvier, février, mars, avril, mai, juin, juillet, août, septembre, octobre, novembre, et décembre.

Dans une année il y a cinquante-deux semaines.

Dans un mois il y a quatre semaines.

Chaque semaine est de sept jours, qui sont : lundi, mardi, mercredi, jeudi, vendredi, samedi, et dimanche.

Le jour est composé de vingt-quatre heures.

Il y a trente ou trente-un jours dans chaque mois;

Trois cent soixante-cinq ou trois cent soixante-six jours dans une année.

Il faut cent années pour faire un siècle.

L'année se divise en quatre saisons : le printemps, l'été, l'automne et l'hiver.

QUINZIÈME LEÇON.

Suite des notions générales.

La terre est ronde.

Le soleil éclaire tantôt une partie de la terre, et tantôt l'autre. Quand il luit sur la partie que nous habitons, il fait jour; quand il éclaire la partie opposée, il fait nuit.

Le ciel est cet espace au-dessus de nos têtes, où nous voyons le soleil, la lune et les étoiles. C'est là que se forment les nuages, la pluie, les vents et le tonnerre.

Le vent peut souffler de quatre côtés du ciel; ces quatre côtés s'appellent *points cardinaux*. Les points cardinaux sont : *le nord, le midi, l'orient et l'occident.*

Le vent fait tourner les ailes d'un moulin; ces ailes

font mouvoir une meule en pierre, et cette meule écrase le grain et le réduit en farine : c'est avec cette farine que nous faisons du pain.

Nos vêtemens sont faits de laine, de chanvre, de coton, ou de soie.

La laine est ce qui couvre la peau des moutons.

Le chanvre est une plante dont l'écorce se convertit en filasse.

Le coton est le fruit d'un arbre qui croît dans les pays chauds.

La soie est produite par

une espèce de vers que l'on nomme vers-à-soie.

Les chapeaux se font avec le poil du castor, du lièvre, et du lapin.

La chaussure des hommes se fait avec la peau préparée de certains animaux, tels que le veau, la chèvre, le cheval.

FABLES

CHOISIES

POUR LES ENFANS.

Le Corbeau et le Renard.

Maître corbeau, sur un arbre perché,
Tenait en son bec un fromage.
Maître renard, par l'odeur alléché,
Lui tint à peu près ce langage :
Eh ! bonjour, monsieur du corbeau !
Que vous êtes joli ! que vous me semblez beau !
Sans mentir, si votre ramage
Se rapporte à votre plumage,
Vous êtes le phénix des hôtes de ces bois.
A ces mots le corbeau ne se sent pas de joie ;
Et, pour montrer sa belle voix,
Il ouvre un large bec, laisse tomber sa proie.
Le renard s'en saisit, et dit : Mon bon monsieur,
Apprenez que tout flatteur
Vit aux dépens de celui qui l'écoute :
Cette leçon vaut bien un fromage, sans doute.
Le corbeau, honteux et confus,
Jura, mais un peu tard, qu'on ne l'y prendrait plus.

La Grenouille et le Bœuf.

Une grenouille vit un bœuf
Qui lui sembla de belle taille.
Elle, qui n'était pas grosse en tout comme un œuf,
Envieuse, s'étend, et s'enfle, et se travaille,
Pour égaler l'animal en grosseur;
Disant : Regardez-bien, ma sœur,
Est-ce assez? dites-moi; n'y suis-je point encore? -
Nenni. -M'y voici donc? -Point du tout. -M'y voilà? -
Vous n'en approchez point. La chétive pécore
S'enfla si bien qu'elle creva.
Le monde est plein de gens qui ne sont pas plus sages :
Tout bourgeois veut bâtir comme les grands seigneurs;
Tout petit prince a des ambassadeurs;
Tout marquis veut avoir des pages.

L'Hirondelle et les petits Oiseaux.

Une hirondelle en ses voyages
Avait beaucoup appris. Quiconque a beaucoup vu
Peut avoir beaucoup retenu.
Celle-ci prévoyait jusqu'aux moindres orages;
Et, devant qu'ils fussent éclos,
Les annonçait aux matelots.
Il arriva qu'au temps que la chanvre se sème,
Elle vit un manant en couvrir maints sillons.
Ceci ne me plaît pas, dit-elle aux oisillons :
Je vous plains; car, pour moi, dans ce péril extrême,

Je saurai m'éloigner, ou vivre en quelque coin.
Voyez-vous cette main qui par les airs chemine?
Un jour viendra, qui n'est pas loin,
Que ce qu'elle répand sera votre ruine;
De là naîtront engins à vous envelopper;
Et lacets pour vous attraper;
Enfin mainte et mainte machine
Qui causera dans la saison
Votre mort ou votre prison:
Gare la cage ou le chaudron!
C'est pourquoi, leur dit l'hirondelle,
Mangez ce grain; et croyez-moi.
Les oiseaux se moquèrent d'elle:
Ils trouvaient aux champs trop de quoi.
Quand la chenevière fut verte,
L'hirondelle leur dit: Arrachez brin à brin
Ce qu'a produit ce maudit grain;
Ou soyez sûrs de votre perte.
Prophète de malheur! babillarde! dit-on,
Le bel emploi que tu nous donnes!
Il nous faudrait mille personnes
Pour éplucher tout ce canton.
La chanvre étant tout-à-fait crue,
L'hirondelle ajoute: Ceci ne va pas bien;
Mauvaise graine est tôt venue.
Mais, puisque jusqu'ici l'on ne m'a crue en rien,
Dès que vous verrez que la terre
Sera couverte (1), et qu'à leurs blés
Les gens n'étant plus occupés
Feront aux oisillons la guerre;

(1) C'est-à-dire, *ensemencée*.

Quand reginglettes (1) et réseaux
Attraperont petits oiseaux,
Ne volez plus de place en place,
Demeurez au logis, ou changez de climat;
Imitez le canard, la grue et la bécasse.
Mais vous n'êtes pas en état
De passer, comme nous, les déserts et les ondes,
Ni d'aller chercher d'autres mondes :
C'est pourquoi vous n'avez qu'un parti qui soit sûr,
C'est de vous renfermer aux trous de quelque mur.
Les oisillons, las de l'entendre,
Se mirent à jaser aussi confusément
Que faisaient les Troyens quand la pauvre Cassandre,
Ouvrait la bouche seulement.
Il en prit aux uns comme aux autres :
Maint oisillon se vit esclave retenu.
Nous n'écoutons d'instincts que ceux qui sont les nôtres,
Et ne croyons le mal que quand il est venu.

La Mort et le Bûcheron.

Un pauvre bûcheron, tout couvert de ramée,
Sous le faix du fagot aussi bien que des ans,
Gémissant et courbé, marchait à pas pesans,
Et tâchait de gagner sa chaumière enfumée.
Enfin, n'en pouvant plus d'efforts et de douleur,
Il met bas son fagot, il songe à son malheur.
Quel plaisir a-t-il eu depuis qu'il est au monde?
En est-il un plus pauvre en la machine ronde?

(1) Sorte de piége pour attraper les oiseaux, qu'on nomme à Paris trébuchet.

l'Homme entre deux Ages — Le Renard et la Cigogne.

Conseil tenu par les Rats — Le Lion et le Moucheron

Le Meunier son fils et l'âne — Les Membres et l'Estomac.

Point de pain quelquefois, et jamais de repos :
Sa femme, ses enfans, les soldats, les impôts,
Le créancier, et la corvée,
Lui font d'un malheureux la peinture achevée.
Il appelle la Mort. Elle vient sans tarder,
Lui demande ce qu'il faut faire.
C'est, dit-il, afin de m'aider
A recharger ce bois ; tu ne tarderas guère.
Le trépas vient tout guérir ;
Mais ne bougeons d'où nous sommes :
PLUTÔT SOUFFRIR QUE MOURIR,
C'est la devise des hommes.

Le Renard et la Cigogne.

COMPÈRE le renard se mit un jour en frais,
Et retint à dîner commère la cigogne.
Le régal fut petit et sans beaucoup d'apprêts :
Le galant, pour toute besogne,
Avait un brouet (1) clair ; il vivait chichement.
Ce brouet fut par lui servi sur une assiette :
La cigogne à long bec n'en put attraper miette ;
Et le drôle eut lapé le tout en un moment.
Pour se venger de cette tromperie,
A quelque temps de là la cigogne le prie.
Volontiers, lui dit-il, car avec mes amis
Je ne fais point de cérémonie.
A l'heure dite, il courut au logis
De la cigogne, son hôtesse ;
Loua très-fort sa politesse ;

(1) Espèce de bouillie fort claire.

Trouva le dîner cuit à point :
Bon appétit surtout ; renards n'en manquent point.
Il se réjouissait à l'odeur de la viande
Mise en menus morceaux, et qu'il croyait friande.
On servit, pour l'embarrasser,
En un vase à long col et d'étroite embouchure.
Le bec de la cigogne y pouvait bien passer ;
Mais le museau du sire était d'autre mesure.
Il lui fallut à jeun retourner au logis,
Honteux comme un renard qu'une poule aurait pris ;
Serrant la queue, et portant bas l'oreille.
Trompeurs, c'est pour vous que j'écris :
Attendez-vous à la pareille.

Conseil tenu par les Rats.

Un chat, nommé Rodilardus,
Faisait des rats telle déconfiture,
Que l'on n'en voyait presque plus,
Tant il en avait mis dedans la sépulture !
Le peu qu'il en restait, n'osant quitter son trou,
Ne trouvait à manger que le quart de son sou ;
Et Rodilard passait, chez la gent misérable,
Non pour un chat, mais pour un diable.
Or, un jour qu'au haut et au loin
Le galant alla chercher femme,
Pendant tout le sabat qu'il fit avec sa dame,
Le demeurant des rats tint chapitre en un coin
Sur la nécessité présente.
Dès l'abord, leur doyen, personne fort prudente,

Opina qu'il fallait, et plus tôt que plus tard,
Attacher un grelot au cou de Rodilard !
Qu'ainsi, quand il irait en guerre,
De sa marche avertis, ils s'enfuiraient sous terre :
Qu'il n'y avait que ce moyen.
Chacun fut de l'avis de monsieur le doyen ;
Chose ne leur parut à tous plus salutaire.
La difficulté fut d'attacher le grelot.
L'un dit : Je n'y vas point, je ne suis pas si sot :
L'autre : Je ne saurais. Si bien que sans rien faire
On se quitta. J'ai maints chapitres vus,
Qui pour néant se sont ainsi tenus ;
Chapitres, non de rats, mais chapitres de moines,
Voire chapitres de chanoines.
Ne faut-il que délibérer,
La cour en conseillers foisonne :
Est-il besoin d'exécuter,
L'on ne rencontre plus personne.

Le Lion et le Moucheron.

Va-t'en, chétif insecte, excrément de la terre !
C'est en ces mots que le lion
Parlait un jour au moucheron.
L'autre lui déclara la guerre :
Penses-tu, lui dit-il, que ton titre de roi
Me fasse peur ni me soucie ?
Un bœuf est plus puissant que toi ;
Je le mène à ma fantaisie.
A peine il achevait ces mots,
Que lui-même il sonna la charge,

Fit le trompette et le héros.
Dans l'abord il se met au large,
Puis prend son temps, fond sur le cou
Du lion qu'il rend presque fou.
Le quadrupède écume, et son œil étincelle;
Il rugit. On se cache, on tremble à l'environ :
Et cette alarme universelle
Est l'ouvrage d'un moucheron.
Un avorton de mouche en cent lieux le harcelle;
Tantôt pique l'échine, et tantôt le museau,
Tantôt entre au fond du naseau.
La rage alors se trouve à son faîte montée;
L'invisible ennemi triomphe, et rit de voir
Qu'il n'est griffe ni dent en la bête irritée
Qui de la mettre en sang ne fasse son devoir.
Le malheureux lion se déchire lui-même,
Fait résonner sa queue à l'entour de ses flancs,
Bat l'air, qui n'en peut mais; et sa fureur extrême
Le fatigue, l'abat, le voilà sur les dents;
L'insecte du combat se retire avec gloire :
Comme il sonna la charge, il sonne la victoire :
Va partout l'annoncer, et rencontre en chemin,
L'embuscade d'une araignée :
Il y rencontre aussi sa fin.
Quelle chose par là nous peut être enseignée ?
J'en vois deux; dont l'une est qu'entre nos ennemis
Les plus à craindre sont souvent les plus petits;
L'autre, qu'aux grands périls tel a pu se soustraire,
Qui périt pour la moindre affaire.

Les Grenouilles qui demandent un Roi.

Les grenouilles, se lassant
De l'état démocratique,
Par leurs clameurs firent tant
Que Jupin les soumit au pouvoir monarchique.
Il leur tomba du ciel un roi tout pacifique :
Ce roi fit toutefois un tel bruit en tombant,
Que la gent marécageuse,
Gent fort sotte et fort peureuse,
S'alla cacher sous les eaux,
Dans les joncs, dans les roseaux,
Dans les trous du marécage,
Sans oser de long-temps regarder au visage
Celui qu'elles croyaient être un géant nouveau.
Or c'était un soliveau,
De qui la gravité fit peur à la première
Qui, de le voir s'aventurant,
Osa bien quitter sa tanière.
Elle approcha, mais en tremblant.
Une autre la suivit, une autre en fit autant :
Il en vint une fourmilière ;
Et leur troupe à la fin se rendit familière
Jusqu'à sauter sur l'épaule du roi.
Le bon sire le souffre, et reste toujours coi.
Jupin en a bientôt la cervelle rompue :
Donnez-nous, dit ce peuple, un roi qui se remue.
Le monarque des dieux leur envoie une grue,
Qui les croque, qui les tue,

Qui les gobe à son plaisir ;
Et grenouilles de se plaindre ,
Et Jupin de leur dire : Eh quoi ! votre désir
A ses lois croit-il nous astreindre ?
Vous avez dû premièrement
Garder votre gouvernement ;
Mais, ne l'ayant pas fait, il vous devait suffire
Que votre premier roi fût débonnaire et doux :
De celui-ci contentez-vous ,
De peur d'en rencontrer un pire.

Le Loup et la Cigogne.

Des loups mangent gloutonnement.
Un loup donc étant de frairie
Se pressa , dit-on , tellement,
Qu'il en pensa perdre la vie :
Un os lui demeura bien avant au gosier.
De bonheur pour ce loup , qui ne pouvait crier ,
Près de là passe une cigogne ,
Il lui fait signe, elle accourt.
Voilà l'opératrice aussitôt en besogne.
Elle retira l'os : puis, pour un si bon tour ,
Elle demanda son salaire.
Votre salaire ! dit le loup :
Vous riez , ma bonne commère !
Quoi ! ce n'est pas encor beaucoup
D'avoir de mon gosier retiré votre cou !
Allez , vous êtes une ingrate :
Ne tombez jamais sous ma pate.

Le Loup devenu Berger — Les Grenoüilles qui demt. un Roi

Le Loup et la Cigogne — Le Renard et les Raisins

Le Cigne et le Cuisinier — La femme noyée

Le Renard et les Raisins.

Certain renard gascon, d'autres disent normand,
Mourant presque de faim, vit au haut d'une treille
Des raisins mûrs apparemment,
Et couverts d'une peau vermeille.
Le galant en eût fait volontiers un repas.
Mais comme il n'y pouvait atteindre :
Ils sont trop verts, dit-il, et bons pour des goujats.
Fit-il pas mieux que de se plaindre ?

Le Cygne et le Cuisinier.

Dans une ménagerie
De volatiles remplie
Vivaient le cygne et l'oison :
Celui-là destiné pour les regards du maître ;
Celui-ci, pour son goût ; l'un qui se piquait d'être
Commensal du jardin ; l'autre, de la maison.
Des fossés du château faisant leurs galeries,
Tantôt on les eût vus côte à côte nager,
Tantôt courir sur l'onde, et tantôt se plonger,
Sans pouvoir satisfaire à leurs vaines envies.
Un jour le cuisinier, ayant trop bu d'un coup,
Prit pour oison le cygne ; et, le tenant au cou,
Il allait l'égorger, puis le mettre en potage.
L'oiseau, près de mourir, se plaint en son ramage,
Le cuisinier fut fort surpris,
Et vit bien qu'il s'était mépris.

Quoi! je mettrais, dit-il, un tel chanteur en soupe!
Non, non, ne plaise aux dieux que jamais ma main coupe
La gorge à qui s'en sert si bien.
Ainsi, dans les dangers qui nous suivent en croupe,
Le doux parler ne nuit de rien.

Le Chat et le vieux Rat.

J'ai lu chez un conteur de fables,
Qu'un second Rodilard, l'Alexandre des chats,
L'Attila, le fléau des rats,
Rendait ces derniers misérables;
J'ai lu, dis-je, en certain auteur,
Que ce chat exterminateur,
Vrai Cerbère, était craint une lieue à la ronde;
Il voulait de souris dépeupler tout le monde.
Les planches qu'on suspend sur un léger appui,
La mort-aux-rats, les souricières;
N'étaient que jeux auprès de lui.
Comme il voit que dans leurs tanières
Les souris étaient prisonnières,
Qu'elles n'osaient sortir, qu'il avait beau chercher,
Le galant fait le mort, et du haut d'un plancher
Se pend la tête en bas: la bête scélérate,
A de certains cordons se tenait par la pate.
Le peuple des souris croit que c'est châtiment,
Qu'il a fait un larcin de rôt ou de fromage,
Égratigné quelqu'un, causé quelque dommage;
Enfin, qu'on a pendu le mauvais garnement.
Toutes, dis-je, unanimement
Se promettent de rire à son enterrement,

Mettent le nez à l'air, montrent un peu la tête,
Puis rentrent dans leurs nids à rats;
Puis, ressortant, font quatre pas,
Puis enfin se mettent en quête.
Mais voici bien une autre fête :
Le pendu ressuscite, et, sur ses pieds tombant,
Attrape les plus paresseuses.
Nous en savons plus d'un, dit-il en les gobant;
C'est tour de vieille guerre, et vos cavernes creuses
Ne vous sauveront pas, je vous en avertis :
Vous viendrez toutes au logis.
Il prophétisait vrai : notre maître Mitis,
Pour la seconde fois, les trompe et les affine,
Blanchit sa robe et s'enfarine;
Et, de la sorte déguisé,
Se niche et se blottit dans une huche ouverte.
Ce fut à lui bien avisé :
La gent trotte-menu s'en vient chercher sa perte.
Un rat, sans plus, s'abstient d'aller flairer autour :
C'était un vieux routier, il savait plus d'un tour;
Même il avait perdu sa queue à la bataille.
Ce bloc enfariné ne me dit rien qui vaille,
S'écria-t-il de loin au général des chats :
Je soupçonne dessous encor quelque machine.
Rien ne te sert d'être farine;
Car, quand tu serais sac, je n'approcherais pas.
C'était bien dit à lui; j'approuve sa prudence :
Il était expérimenté,
Et savait que la méfiance
Est mère de la sûreté.

Le Singe et le Dauphin.

C'ÉTAIT chez les Grecs un usage
Que, sur mer, tous voyageurs
Menaient avec eux en voyage
Singes et chiens de bateleurs.
Un navire, en cet équipage,
Non loin d'Athènes fit naufrage.
Sans les dauphins tout eût péri.
Cet animal est fort ami
De notre espèce : en son histoire
Pline le dit ; il le faut croire.
Il sauva tout ce qu'il put.
Même un singe, en cette occurrence,
Profitant de la ressemblance,
Lui pensa devoir son salut :
Un dauphin le prit pour un homme,
Et sur son dos le fit asseoir
Si gravement, qu'on eût cru voir
Ce chanteur que tant on renomme (1).
Le dauphin l'allait mettre à bord,
Quand, par hasard, il lui demande :
Êtes-vous d'Athènes la grande ?
Oui, dit l'autre, on m'y connaît fort :
S'il vous y survient quelque affaire,
Employez-moi, car mes parens
Y tiennent tous les premiers rangs.
Un mien cousin est juge-maire.

(1) Arion, sauvé du naufrage par un dauphin. Voyez *Chompré*, Dictionnaire de la Fable.

Le dauphin dit : Bien grand merci.
Et le Pirée a part aussi
A l'honneur de votre présence ?
Vous le voyez souvent, je pense ?
Tous les jours : il est mon ami ;
C'est une vieille connaissance.
Notre magot prit, pour ce coup,
Le nom d'un port pour un nom d'homme.
De telles gens il est beaucoup,
Qui prendraient Vaugirard pour Rome ;
Et qui, caquetant au plus dru,
Parlent de tout, et n'ont rien vu.
Le dauphin rit, tourne la tête ;
Et, le magot considéré,
Il s'aperçoit qu'il n'a tiré
Du fond des eaux rien qu'une bête :
Il l'y replonge et va trouver
Quelque homme afin de le sauver.

Le Chameau et les Bâtons flottans.

Le premier qui vit un chameau
S'enfuit à cet objet nouveau ;
Le second s'approcha ; le troisième osa faire
Un licou pour le dromadaire.
L'accoutumance ainsi nous rend tout familier :
Ce qui nous paraissait terrible et singulier
S'apprivoise avec notre vue,
Quand ce vient à la continue.
Et, puisque nous voici tombés sur ce sujet,

On avait mis des gens au guet,
Qui, voyant sur les eaux de loin certain objet,
Ne purent s'empêcher de dire
Que c'était un puissant navire.
Quelques momens après, l'objet devint brûlot,
Et puis nacelle, et puis ballot,
Enfin bâtons flottans sur l'onde.
J'en sais beaucoup par le monde
A qui ceci conviendrait bien :
De loin, c'est quelque chose; et de près, ce n'est rien.

Le Renard et le Buste.

Les grands, pour la plupart, sont masques de théâtre.
Leur apparence impose au vulgaire idolâtre.
L'âne n'en sait juger que par ce qu'il en voit :
Le renard, au contraire, à fond les examine,
Les retourne en tout sens; et, quand il s'aperçoit
Que leur fait n'est que bonne mine,
Il leur applique un mot qu'un buste de héros
Lui fit dire fort à propos.
C'était un buste creux, et plus grand que nature.
Le renard, en louant l'effort de la sculpture :
« Belle tête, dit-il; mais de cervelle point. »
Combien de grands seigneurs sont bustes en ce point!

Le Loup, la Chèvre et le Chevreau.

La bique, allant remplir sa traînante mamelle,
Et paître l'herbe nouvelle,

le Berger et la Mer — le Singe et le Dauphin

le Chameau et les batons — le Cheval s'étant voulu venger

le Renard et le Buste — le Loup, la Mère et l'Enfant

Ferma sa porte au loquet,
Non sans dire à son biquet :
Gardez-vous, sur votre vie,
D'ouvrir que l'on ne vous die,
Pour enseigne et mot du guet,
Foin du loup et de sa race !
Comme elle disait ces mots,
Le loup, de fortune, passe ;
Il les recueille à propos,
Et les garde en sa mémoire ;
La bique, comme on peut croire,
N'avait pas vu le glouton.
Dès qu'il la voit partie, il contrefait son ton,
Et, d'une voix papelarde,
Il demande qu'on ouvre, en disant : Foin du loup !
Et croyant entrer tout d'un coup.
Le biquet soupçonneux par la fente regarde :
Montrez-moi pate blanche, ou je n'ouvrirai point,
S'écria-t-il d'abord. Pate blanche est un point
Chez les loups, comme on sait, rarement en usage.
Celui-ci, fort surpris d'entendre ce langage,
Comme il était venu s'en retourna chez soi.
Où serait le biquet s'il eût ajouté foi
Au mot du guet, que, de fortune,
Notre loup avait entendu ?
Deux sûretés valent mieux qu'une ;
Et le trop en cela ne fut jamais perdu.

Le petit Poisson et le Pêcheur.

Petit poisson deviendra grand,
Pourvu que Dieu lui prête vie.
Mais le lâcher en attendant,
Je tiens pour moi que c'est folie :
Car de le rattraper il n'est pas trop certain.
Un carpeau, qui n'était encore que fretin (1),
Fut pris par un pêcheur au bord d'une rivière.
Tout fait nombre, dit l'homme en voyant son butin ;
Voilà commencement de chère et de festin :
Mettons-le en notre gibecière.
Le pauvre carpillon lui dit en sa manière :
Que ferez-vous de moi ? je ne saurais fournir
Au plus qu'une demi-bouchée.
Laissez-moi carpe devenir,
Je serai par vous repêchée ;
Quelque gros partisan m'achètera bien cher.
Au lieu qu'il vous en faut chercher
Peut-être encor cent de ma taille
Pour faire un plat : quel plat ! croyez-moi, rien qui vaille :
Rien qui vaille ! Eh bien ! soit, repartit le pêcheur :
Poisson, mon bel ami, qui faites le prêcheur,
Vous irez dans la poêle ; et vous avez beau dire,
Dès ce soir on vous fera frire.
Un Tien vaut, ce dit-on, mieux que deux Tu l'auras :
L'un est sûr ; l'autre ne l'est pas.

(1) Très-petit.

PARIS HOCQUART Rue des Maçons-Sorbonne N.° 13

Le Satyre et le passant.

Au fond d'un antre sauvage,
Un satyre et ses enfans
Allaient manger leur potage
Et prendre l'écuelle aux dents.
On les eût vus sur la mousse,
Lui, sa femme, et maint petit
Ils n'avaient tapis ni housse,
Mais tous fort bon appétit.
Pour se sauver de la pluie
Entre un passant morfondu.
Au brouet on le convie:
Il n'était pas attendu.
Son hôte n'eut pas la peine
De le semondre (1) deux fois.
D'abord avec son haleine
Il se réchauffe les doigts:
Puis sur les mets qu'on lui donne,
Délicat, il souffle aussi.
Le satyre s'en étonne:
Notre hôte! à quoi bon ceci?
L'un refroidit mon potage,
L'autre réchauffe ma main.
Vous pouvez, dit le sauvage,
Reprendre votre chemin.
Ne plaise aux dieux que je couche
Avec vous sous même toit!

(1) Inviter, convier.

Arrière ceux dont la bouche
Souffle le chaud et le froid (1) !

La Poule aux œufs d'or.

L'AVARICE perd tout en voulant tout gagner.
Je ne veux pour le témoigner,
Que celui dont la poule, à ce que dit la fable,
Pondait tous les jours un œuf d'or.
Il crut que dans son corps elle avait un trésor :
Il la tua, l'ouvrit, et la trouva semblable
A celles dont les œufs ne lui rapportaient rien,
S'étant lui-même ôté le plus beau de son bien.
Belle leçon pour les gens chiches !
Pendant ces derniers temps, combien en a-t-on vus
Qui du soir au matin sont pauvres devenus
Pour vouloir trop tôt être riches !

L'âne vêtu de la peau du Lion.

DE la peau du lion l'âne s'étant vêtu
Était craint partout à la ronde ;
Et, bien qu'animal sans vertu,
Il faisait trembler tout le monde.
Un petit bout d'oreille échappé par malheur
Découvrit la fourbe et l'erreur.
Martin fit alors son office.
Ceux qui ne savaient pas la ruse et la malice

(1) Qui disent sur une même chose, le blanc et le noir, le pour et le contre.

S'étonnaient de voir que Martin
Chassât les lions au moulin.
Force gens font du bruit en France
Par qui cet apologue est rendu familier.
Un équipage cavalier
Fait les trois quarts de leur vaillance.

Le Lièvre et la Tortue.

RIEN ne sert de courir, il faut partir à point :
Le lièvre et la tortue en sont un témoignage.
Gageons, dit celle-ci, que vous n'atteindrez point
Si tôt que moi ce but. Si tôt, êtes-vous sage ?
Repartit l'animal léger :
Ma commère, il vous faut purger
Avec quatre grains d'ellébore.
Sage ou non, je parie encore.
Ainsi fut fait ; et de tous deux
On mit près du but les enjeux.
Savoir quoi, ce n'est pas l'affaire,
Ni de quel juge l'on convint.
Notre lièvre n'avait que quatre pas à faire ;
J'entends de ceux qu'il fait lorsque, près d'être atteint,
Il s'éloigne des chiens, les renvoie aux calendes (1),
Et leur fait arpenter les landes (2).

(1) S'en éloigne si bien que les chiens ne peuvent le rattraper, et se trouvent par là dans le cas où est un créancier que ses débiteurs renvoient aux calendes grecques ; terme de paiement tout-à-fait chimérique, parce qu'il n'y a point de jour dans l'année que les Grecs aient nommé *calendes*.

(2) Terres stériles, incultes, propres pour la chasse.

Ayant, dis-je, du temps de reste pour brouter,
Pour dormir, et pour écouter
D'où vient le vent, il laisse la tortue
Aller son train de sénateur.
Elle part, elle s'évertue;
Elle se hâte avec lenteur.
Lui cependant méprise une telle victoire,
Tient la gageure à peu de gloire,
Croit qu'il y va de son honneur
De partir tard. Il broute, il se repose;
Il s'amuse à tout autre chose
Qu'à la gageure. A la fin, quand il vit
Que l'autre touchait presqu'au bout de la carrière,
Il partit comme un trait; mais les élans qu'il fit
Furent vains : la tortue arriva la première.
Hé bien! lui cria-t-elle, avais-je pas raison!
De quoi vous sert votre vitesse?
Moi l'emporter! et que serait-ce
Si vous portiez une maison (1)?

Le Chien qui lâche sa proie pour l'ombre.

Chacun se trompe ici-bas :
On voit courir après l'ombre
Tant de fous, qu'on n'en sait pas
La plupart du temps le nombre.
Au chien dont parle Ésope il faut le renvoyer.
Ce chien, voyant sa proie en l'eau représentée,

(1) Comme la tortue, qui est couverte d'une grosse écaille.

Pl. 6. Liv. VII

Le Lièvre et la Tortue
Le Chien qui lache sa proie
Les animaux malades
La Laitière et le pot au lait
Le Chat, la Belette et le Lapin
Un animal dans la Lune

La quitta pour l'image, et pensa se noyer ;
La rivière devint tout d'un coup agitée ;
A toute peine il regagna les bords,
Et n'eut ni l'ombre ni le corps.

La Laitière et le Pot au lait.

Perrette, sur sa tête ayant un pot au lait,
Bien posé sur un coussinet,
Prétendait arriver sans encombre (1) à la ville.
Légère, et court vêtue, elle allait à grands pas,
Ayant mis ce jour-là, pour être plus agile,
Cotillon simple, et souliers plats.
Notre laitière ainsi troussée
Comptait déjà dans sa pensée
Tout le prix de son lait ; en employait l'argent ;
Achetait un cent d'œufs, faisait triple couvée :
La chose allait à bien par son soin diligent.
Il m'est, disait-elle, facile
D'élever des poulets autour de ma maison ;
Le renard sera bien habile
S'il ne m'en laisse assez pour avoir un cochon.
Le porc à s'engraisser coûtera peu de son ;
Il était, quand je l'eus, de grosseur raisonnable ;
J'aurai, le revendant, de l'argent bel et bon.
Et qui m'empêchera de mettre en notre étable,
Vu le prix dont il est, une vache et son veau,
Que je verrai sauter au milieu du troupeau ?

(1) Malheur.

Perrette là-dessus saute aussi, transportée :
Le lait tombe; adieu veau, vache, cochon, couvée.
La dame de ces biens, quittant d'un œil marri
Sa fortune ainsi répandue,
Va s'excuser à son mari,
En grand danger d'être battue.
Le récit en farce en fut fait;
On l'appela le Pot au lait.
Quel esprit ne bat la campagne?
Qui ne fait châteaux en Espagne?
Picrocholle, Pyrrhus, la laitière, enfin tous,
Autant les sages que les fous,
Chacun songe en veillant; il n'est rien de plus doux:
Une flatteuse erreur emporte alors nos âmes;
Tout le bien du monde est à nous,
Tous les honneurs, toutes les femmes.
Quand je suis seul, je fais au plus brave un défi;
Je m'écarte, je vais détrôner le sofi;
On m'élit roi, mon peuple m'aime;
Les diadèmes vont sur ma tête pleuvant:
Quelque accident fait-il que je rentre en moi-même;
Je suis Gros-Jean comme devant.

L'Ours et l'Amateur de jardins.

Certain ours montagnard, ours à demi léché,
Confiné par le sort dans un bois solitaire,
Nouveau Bellérophon, vivait seul et caché.
Il fût devenu fou : la raison d'ordinaire
N'habite pas long-temps chez les gens séquestrés.
Il est bon de parler, et meilleur de se taire;

Les femmes et le Secret — l'Ours et l'Amateur

Le Singe et le Chat — Le Berger et le troupeau

l'Enfouisseur et son compère — Les Poissons et le Berger

Mais tous deux sont mauvais alors qu'ils sont outrés.
Nul animal n'avait affaire
Dans les lieux que l'ours habitait ;
Si bien que, tout ours qu'il était,
Il vint à s'ennuyer de cette triste vie.
Pendant qu'il se livrait à la mélancolie,
Non loin de là certain vieillard
S'ennuyait aussi de sa part.
Il aimait les jardins, était prêtre de Flore,
Il l'était de Pomone encore.
Ces deux emplois sont beaux ; mais je voudrais parmi
Quelque doux et discret ami.
Les jardins parlent peu, si ce n'est dans mon livre :
De façon que, lassé de vivre
Avec des gens muets, notre homme, un beau matin,
Va chercher compagnie, et se met en campagne.
L'ours, porté d'un même dessein,
Venait de quitter sa montagne.
Tous deux, par un cas surprenant,
Se rencontrent en un tournant.
L'homme eut peur : mais comment esquiver? et que fair
Se tirer en Gascon d'une semblable affaire
Est le mieux : il sut donc dissimuler sa peur.
L'ours, très-mauvais complimenteur,
Lui dit : Viens-t-en me voir. L'autre reprit : Seigneur,
Vous voyez mon logis ; si vous me vouliez faire
Tant d'honneur que d'y prendre un champêtre repas,
J'ai des fruits, j'ai du lait : ce n'est peut-être pas
De nos seigneurs les ours le manger ordinaire ;
Mais j'offre ce que j'ai. L'ours l'accepte ; et d'aller :
Les voilà bons amis avant que d'arriver :

Arrivés, les voilà se trouvant bien ensemble ;
Et bien qu'on soit, à ce qu'il semble,
Beaucoup mieux seul qu'avec des sots.
Comme l'ours en un jour ne disait pas deux mots
L'homme pouvait sans bruit vaquer à son ouvrage.
L'ours allait à la chasse, apportait du gibier ;
Faisait son principal métier
D'être bon émoucheur ; écartait du visage
De son ami dormant ce parasite ailé
Que nous avons mouche appelé.
Un jour que le vieillard dormait d'un profond somme,
Sur le bout de son nez une, allant se placer,
Mit l'ours au désespoir ; il eut beau la chasser.
Je t'attraperai bien, dit-il, et voici comme.
Aussitôt fait que dit ; le fidèle émoucheur
Vous empoigne un pavé, le lance avec raideur,
Casse la tête à l'homme en écrasant la mouche ;
Et, non moins bon archer que mauvais raisonneur,
Raide mort étendu snr la place il le couche.
Rien n'est si dangereux qu'un ignorant ami ;
Mieux vaudrait un sage ennemi.

Le Singe et le Chat.

Bertrand avec Raton, l'un singe et l'autre chat,
Commensaux d'un logis, avaient un commun maître.
D'animaux malfaisans c'était un très-bon plat :
Ils n'y craignaient tous deux aucun, quel qu'il pût être.
Trouvait-on quelque chose au logis de gâté,
L'on ne s'en prenait point aux gens du voisinage.

Les deux Chèvres

Le Loup et le Renard

Bertrand dérobait tout; Raton, de son côté,
Était moins attentif aux souris qu'au fromage.
Un jour, au coin du feu, nos deux maîtres fripons
Regardaient rôtir des marrons.
Les escroquer était une très-bonne affaire :
Nos galans y voyaient double profit à faire :
Leur bien premièrement, et puis le mal d'autrui.
Bertrand dit à Raton : Frère, il faut aujourd'hui
Que tu fasses un coup de maître;
Tire-moi ces marrons. Si Dieu m'avait fait naître
Propre à tirer marrons du feu,
Certes, marrons verraient beau jeu.
Aussitôt fait que dit : Raton, avec sa pate,
D'une manière délicate,
Écarte un peu la cendre et retire les doigts;
Puis les reporte à plusieurs fois :
Tire un marron, puis deux, et puis trois en escroque;
Et cependant Bertrand les croque.
Une servante vient : adieu mes gens. Raton
N'était pas content, ce dit-on.
Aussi ne le sont pas la plupart de ces princes
Qui, flattés d'un pareil emploi,
Vont s'échauder en des provinces
Pour le profit de quelque roi.

Les deux Aventuriers et le Talisman.

Aucun chemin de fleurs ne conduit à la gloire.
Je n'en veux pour témoin qu'Hercule et ses travaux :
Ce dieu n'a guère de rivaux;
J'en vois peu dans la fable, encor moins dans l'histoire.

En voici pourtant un, que de vieux talismans
Firent chercher fortune au pays des romans.
Il voyageait de compagnie.
Son camarade et lui trouvèrent un poteau
Ayant au haut cet écriteau :
« Seigneur aventurier, s'il te prend quelque envie
« De voir ce que n'a vu nul chevalier errant,
« Tu n'as qu'à passer ce torrent ;
« Puis, prenant dans tes bras un éléphant de pierre
« Que tu verras couché par terre,
« Le porter, d'une haleine, au sommet de ce mont
« Qui menace les cieux de son superbe front. »
L'un des deux chevaliers saigna du nez : Si l'onde
Est rapide autant que profonde,
Dit-il.... et supposé qu'on la puisse passer ;
Pourquoi de l'éléphant s'aller embarrasser ?
Quelle ridicule entreprise !
Le sage l'aura fait par tel art et de guise
Qu'on le pourra porter peut-être quatre pas :
Mais jusqu'au haut du mont ! d'une haleine ! il n'est pas
Au pouvoir d'un mortel ; à moins que la figure
Ne soit d'un éléphant nain, pygmée, avorton,
Propre à mettre au bout d'un bâton :
Auquel cas, où l'honneur d'une telle aventure ?
On nous veut attraper dedans cette écriture ;
Ce sera quelque énigme à tromper un enfant :
C'est pourquoi je vous laisse avec votre éléphant.
Le raisonneur parti, l'aventureux se lance,
Les yeux clos, à travers cette eau.
Ni profondeur ni violence
Ne purent l'arrêter ; et, selon l'écriteau,
Il vit son éléphant couché sur l'autre rive.

Il le prend, il l'emporte, au haut du mont arrive,
Rencontre une esplanade, et puis une cité.
Un cri par l'éléphant aussitôt est jeté :
    Le peuple aussitôt sort en armes.
Tout autre aventurier, au bruit de ces alarmes,
Aurait fui : celui-ci, loin de tourner le dos,
Veut vendre au moins sa vie, et mourir en héros.
Il fut tout étonné d'ouïr cette cohorte
Le proclamer monarque au lieu de son roi mort.
Il ne se fit prier que de la bonne sorte ;
Encor que le fardeau fût, dit-il, un peu fort.
Fortune aveugle suit aveugle hardiesse.
Le sage quelquefois fait bien d'exécuter
Avant que de donner le temps à la sagesse
D'envisager le fait, et sans la consulter.

L'Écrevisse et sa fille.

Mère écrevisse un jour à sa fille disait :
Comme tu vas, bon dieu ! ne peux-tu marcher droit :
Et comme vous allez vous-même ! dit la fille :
Puis-je autrement marcher que ne fait ma famille ?
Veut-on que j'aille droit quand on y va tortu ?
    Elle avait raison : la vertu
    De tout exemple domestique
    Est universelle, et s'applique
En bien, en mal, en tout ; fait des sages, des sots,
Beaucoup plus que ceux-ci. Quant à tourner le dos
A son but, j'y reviens ; la méthode en est bonne,
    Surtout au métier de Bellone ;
    Mais il faut le faire à propos.

Le Renard, le Loup et le Cheval.

Un renard, jeune encor quoique des plus madrés,
Vit le premier cheval qu'il eût vu de sa vie.
Il dit à certain loup, franc novice : Accourez :
Un animal paît dans nos prés,
Beau, grand, j'en ai la vue encor toute ravie.
Est-il plus fort que nous ? dit le loup en riant :
Fais-moi son portrait, je te prie.
Si j'étais quelque peintre ou quelque étudiant,
Repartit le renard, j'avancerais la joie
Que vous aurez en le voyant.
Mais venez. Que sait-on ? peut-être est-ce une proie
Que la fortune nous envoie.
Ils vont ; et le cheval, qu'à l'herbe on avait mis,
Assez peu curieux de semblables amis,
Fut presque sur le point d'enfiler la venelle.
Seigneur, dit le renard, vos humbles serviteurs
Apprendraient volontiers comment on vous appelle.
Le cheval, qui n'était dépourvu de cervelle,
Leur dit : Lisez mon nom, vous le pouvez, messieurs ;
Mon cordonnier l'a mis autour de ma semelle.
Le renard s'excusa sur son peu de savoir :
Mes parens, reprit-il, ne m'ont point fait instruire :
Ils sont pauvres, et n'ont qu'un trou pour tout avoir :
Ceux du loup, gros messieurs, l'ont fait apprendre à lire.
Le loup, par ce discours flatté,
S'approcha. Mais sa vanité

Lui coûta quatre dents : le cheval lui desserre
Un coup ; et haut le pied. Voilà mon loup par terre,
Mal en point, sanglant et gâté.
Frère, dit le renard, ceci nous justifie
Ce que m'ont dit des gens d'esprit :
Cet animal vous a sur la mâchoire écrit
Que de tout inconnu le sage se méfie.

Le Renard et les Poulets d'Inde.

Contre les assauts d'un renard
Un arbre à des dindons servait de citadelle.
Le perfide, ayant fait tout le tour du rempart,
Et vu chacun en sentinelle,
S'écria : Quoi ! ces gens se moqueront de moi !
Eux seuls seront exempts de la commune loi !
Non, par tous les dieux ! non. Il accomplit son dire.
La lune, alors luisant, semblait, contre le sire,
Vouloir favoriser la dindonnière gent.
Lui, qui n'était novice au métier d'assiégeant,
Eut recours à son sac de ruses scélérates,
Feignit vouloir gravir, se guinda sur ses pates,
Puis contrefit le mort, puis le ressuscité.
Arlequin n'eût exécuté
Tant de différens personnages.
Il élevait sa queue, il la faisait briller,
Et cent mille autres badinages,
Pendant quoi nul dindon n'eût osé sommeiller.
L'ennemi les lassait en leur tenant la vue
Sur même objet toujours tendue.

Les pauvres gens étant à la longue éblouis,
Toujours il en tombait quelqu'un ; autant de pris ;
Autant de mis à part : près de moitié succombe.
Le compagnon les porte en son garde-manger.
Le trop d'attention qu'on a pour le danger
Fait le plus souvent qu'on y tombe.

COMPLIMENS.

(Ces Complimens peuvent être dits par un jeune garçon ou par une jeune fille, à volonté; on peut facilement leur adapter des airs connus.)

UN ENFANT DE CINQ ANS

A SON PÈRE.

CHER Papa, dans un si jeune âge,
Quel bouquet puis-je vous offrir?
Cette fleur est tout mon hommage;
Mais un instant va la flétrir.
On dit qu'un cœur peut satisfaire,
Cher Papa, je n'en savais rien;
Si c'est un présent pour un père (*),
Ah! daignez recevoir le mien.

(*) On peut adresser ce compliment à une mère, en changeant le mot *Papa* en celui de *Maman*, et en substituant au 7e vers le suivant :

Si c'est un don pour une mère, etc.

UN TRÈS-JEUNE ENFANT

A SON PÈRE OU A SA MÈRE.

LE sentiment peut égaler
Et surpasser le talent même :
Est-il donc besoin de parler
Pour faire entendre que l'on aime?
Puissé-je en ce jour de bonheur,
Prenant un accent qui vous touche,

Vous prouver du moins que mon cœur
Parle pour moi mieux que ma bouche!

Ce couplet peut se chanter sur l'air d'*Hippolyte*.

A UN PÈRE OU A UNE MÈRE.

Compliment chanté par des enfans.

Pour tracer votre portrait,
Ce n'est pas un grand mystère;
Je le ferai trait pour trait:
Tendre époux, excellent père (*);
Joignons encore à cela
L'aimable talent de plaire;
Aussitôt chacun dira:
Oui, le voilà, le voilà.

(*) « *Tendre épouse et bonne mère*, » lorsqu'on parle à une maman.

Ce couplet peut se chanter sur l'air: *Ah! le bel oiseau, etc.*

AU JOUR DE L'AN,

UN ENFANT A SON PÈRE ET A SA MÈRE,

(ensemble ou séparément).

Pour vous remercier des soins de mon enfance,
Je ne sais pas encore assez bien m'exprimer,
Mais je sais déjà vous aimer,
Et mon cœur vous répond de la reconnaissance.

Chiffres Arabes et Romains.

un	—	1	—	I
deux	—	2	—	II
trois	—	3	—	III
quatre	—	4	—	IV
cinq	—	5	—	V
six	—	6	—	VI
sept	—	7	—	VII
huit	—	8	—	VIII
neuf	—	9	—	IX
dix	—	10	—	X
onze	—	11	—	XI
douze	—	12	—	XII
treize	—	13	—	XIII
quatorze	—	14	—	XIIII *ou* XIV
quinze	—	15	—	XV
seize	—	16	—	XVI
dix-sept	—	17	—	XVII
dix-huit	—	18	—	XVIII
dix-neuf	—	19	—	XIX
vingt	—	20	—	XX
trente	—	30	—	XXX
quarante	—	40	—	XXXX *ou* XL
cinquante	—	50	—	L
soixante	—	60	—	LX
soixante-dix	—	70	—	LXX
quatre-vingts	—	80	—	LXXX

atre-vingt-dix	—	90	—	XC
nt	—	100	—	C
ux cents	—	200	—	CC
ois cents	—	300	—	CCC
atre cents	—	400	—	CCCC
nq cents	—	500	—	D
x cents	—	600	—	DC
pt cents	—	700	—	DCC
uit cents	—	800	—	DCCC
uf cents	—	900	—	DCCCC
ille	—	1000	—	M

FIN.

PARIS. — IMPRIMERIE DE CASIMIR,
RUE DE LA VIEILLE-MONNAIE, N° 12.

www.ingramcontent.com/pod-product-compliance
Ingram Content Group UK Ltd.
Pitfield, Milton Keynes, MK11 3LW, UK
UKHW021222230726
13926UKWH00003B/1187

9 782019 190194